AF332750

VIE
DE SAINT GENS.

Saint Gens naquit à Monteux dans le Comtat Venaissin, d'après une tradition immémoriale et constante confirmée par la décision de plusieurs papes, d'un grand nombre d'évêques, et par l'autorité de quelques martyrologes. De savants hagiographes, entre autres M. l'abbé Chastelain, chanoine de l'Eglise de Paris et le P. Simon Mathieu, de la Compagnie de Jésus, au témoignage desquels il faut joindre le martyrologe d'Anvers, attestent que saint Gens naquit au commencement du douzième siècle, en l'année 1104.

Il était fils d'un citoyen de Monteux nommé Bournereau, et de dame Imberte, ou, selon quelques actes, Raimberte, distinguée par sa naissance et par ses vertus.

La beauté de cet enfant lui fit donner le nom de *Gens* ou de *Gentil*. Cette dénomination de *Gens* qui a pour signification *beau*, ou *joli*, était fort en usage dans ce temps-là ; les anciens noëls et cantiques provençaux en font foi. Quant à sa famille, elle ne fut pas sans illustration, car les généalogistes ont démontré que la maison de Bournereau, établie à Monteux, et alliée avec celle de Béranger d'Orléans-La-Motte

« Je ne puis désobéir aux ordres de Dieu ! » Telle fut la réponse invariable de notre saint aux instances et aux supplications de sa mère.

Dieu permit alors qu'une soif ardente tourmentât cette pauvre femme ; elle pria son fils de lui donner à boire. Comme on était éloigné de l'ermitage, saint Gens toucha du doigt un rocher auprès duquel ils se trouvaient..., du rocher jaillit une double source, l'une d'eau pure, l'autre de vin, de sorte que la mère du saint anachorète put à loisir étancher sa soif. La source de vin est tarie, mais la fontaine d'eau limpide coule perpétuellement et son onde miraculeuse sert à guérir les fièvres et autres maladies. Ainsi, l'on raconte qu'un cabaretier de L'Isle (Vaucluse) s'étant un jour approché de cette source, conduit plutôt par un mouvement de curiosité que par esprit de religion, prononça en riant quelques paroles malhonnêtés...., l'eau s'arrêta tout à coup, laissant stupéfaits notre impie et tous ceux qui l'environnaient. Le cabaretier, revenu à lui-même, reconnut sa faute, la confessa immédiatement à un père franciscain qui se trouvait en cet endroit et la source jaillit de nouveau.

Reprenons notre récit. Secrètement averti par Dieu d'écouter la voix de sa mère, saint Gens se dirigea avec elle vers Monteux. A peine fut-il arrivé dans la ville, suivi et acclamé par une foule considérable d'hommes, de femmes et d'enfants, qu'une pluie torrentielle se mit à tomber, au moment où ce peuple enthousiaste pour les vertus de saint Gens voulait le porter en triomphe. D'après le récit de M. Gandon, prêtre secondaire du Beaucet, le même miracle se renouvela longtemps après lorsque les habitants de la ville furent venus prier au pied de l'autel dans la chapelle du saint.

Cependant, le serviteur de Dieu rentra dans la maison paternelle, suivi du loup de la montagne qui, par un nouveau miracle, était devenu doux comme un agneau, ne faisait de mal à personne, et se laissait caresser par les enfants.

Saint Gens ne demeura pas longtemps auprès de son père et de sa mère, il regagna bientôt sa chère solitude où il continua son premier genre de vie durant sept années, embaumant la vallée du parfum de ses vertus et appelant sur sa patrie et sa famille les bénédictions du ciel.

Ce laps de temps écoulé, saint Gens, jeune encore, mais déjà aussi puissant en vertus et en mérites que le saint le plus consommé, s'endormit dans le Seigneur, le 16 mai 1127, à l'âge de 23 ans.

Son corps fut inhumé, suivant l'usage de ce temps-là, près d'une petite chapelle que le père de saint Gens avait fait bâtir. La voix du peuple mit Gens au rang des saints, le béatifia et le canonisa. Dieu opéra par son intercession des miracles innombrables, et il se fit un si grand concours de fidèles à son tombeau que l'on résolut de remplacer la petite chapelle par une grande église et un monastère. On fit alors une translation solennelle des reliques de saint Gens, et ces restes précieux furent déposés dans le nouveau sanctuaire sous une table de pierre élevée au-dessus du pavé d'environ deux pieds. Le cardinal Alexandre Bichi, évêque de Carpentras, ordonna en 1643 une nouvelle translation des reliques de saint Gens et les fit placer solennellement dans l'église paroissiale du Beaucet, sous une châsse richement ornée, sculptée par le sieur Jacques Bernus, de Mazan, habile ouvrier. On voit encore actuellement cette châsse sur le grand autel.....; elle est surmontée de la statue du saint ayant une vache à sa droite et un loup à sa gauche.

C'est M. Vaison, vicaire de l'église de Monteux, qui, à la prière de M. de Fargues et du P. Charles Fabre, nous a communiqué ce qui suit touchant le culte de saint Gens et nous a désigné l'année de cette translation. De tout ce que nous a appris ce savant ecclésiastique, il résulte que saint Gens est regardé comme patron du Beaucet, et que sa fête y est célébrée annuellement le 16 mai et le 1ᵉʳ dimanche de septembre, avec la Messe et l'office d'un Confesseur non Pontife ; il en résulte encore que ces deux fêtes en l'honneur de saint Gens sont de dévotion à Monteux et au Beaucet, et enfin que cette dernière commune conserve dans ses registres publics le souvenir d'une procession qui se rend à l'ermitage de saint Gens, procession qui se fait encore de nos jours avec une grande solennité.

Il ne sera pas hors de propos d'ajouter ici quelques détails sur la statue de saint Gens. Elle se trouve exposée à la vénération publique dans une niche qui, le jour de sa fête, est tendue de riches draperies. Le saint est représenté sous la figure d'un jeune homme de vingt ans : hommage rendu à la vérité historique puisque saint Gens n'avait guère plus que cet âge quand il mourut. Le costume de religieux qu'il porte est l'habit du tiers-ordre de Saint François.

La fête du premier dimanche de septembre en l'honneur du glorieux saint Gens se célèbre avec une solennité toute particulière. Les orphéons des localités voisines viennent s'échelonner à l'envi sur la montagne et font entendre en l'honneur du Saint des hymnes et des cantiques. Ceux qui sont atteints de la fièvre accourent à la source miraculeuse, et le malade qui boit de cette eau avec une foi sincère est inévitablement guéri. Recourons donc tous à saint Gens, soit que nous soyons affligés des maladies du corps, soit que la fièvre brûlante des passions et du péché dévore notre cœur. Saint Gens priera Dieu pour nous et Dieu nous exaucera.

Maxime GUFFROY.

CANTICO

DE SAN GEN.

—

A l'hounour de san Gen
Canten touteis ensen   *bis.*
Aqués pious cantiquou
Qué counten seu façoun
L'histoirou magnifiquou
Dé sei santeis actioun.

Dès l'âge de quinze ans,
Aqueou pious enfan   *bis*
Dou moundé se retirou,
Et vaïdins lou déser ;
Uniquamen souspirou
Per lei ben éternels.

Sa mère, toute en plour,
Lou cerquou nieuch et jour ; *bis*
La ville, la campagnou,
Remplit tout de sei crisi;
Ou péd d'uno mountagnou
Trouve enfin soun cher fils.

Qu'ei que vous aven fa,
Moun fils per nous quitta ? *bis.*
Ei larmou d'unou mère
Laissa vous attendri ;
Vené réjougné un père
Accabla de souci.

Ma mère, en vain voudria
Mé faïré retourna ;   *bis.*
L'ordre de Dieou m'appellou
Dins aquesti païs,
Y sarieou infidellou
Se suivieou voste avis.

Cher pople dou Boucet,
Cent fés réjouis-té ;   *bis.*
Dins aqueu sant armiton
Ad un grand protectóur ;
Chascun té féliciteu,
T'envégeou aquel hounour.

Un gros loup affama,
Found comm'un euragéa ; *bis.*
Sus uno dei doas vacquou
Qué Gen faï lavoura ;
Tranquilamen l'estaquou
E lou faï charruya.

Per vous, paourei fiébrous,
Sort, d'un roucas affróus, *bis.*
Uno aigo merveillousp;
Buvé-n'en amé fé,
Dei fiébre countagiouse
Proumptamen guariré.

Vous, qué toutei leis ans
Visita aqueou grand San, *bis.*
Marcha dessus sei traçou.
Imita sei vertus,
Vous obtendra la graçou
D'estre un jour deis élus.

Lou perdoun eis ouvert
Ei pu grand criminer ;   *bis·*
Per gagna l'Indulgençou
Foou estre disposa
A faïre penitençou
A sorti dou pecca.

MÉDITATION

SUR

LA FÊTE DE SAINT GENS

Rendons au Seigneur les plus vives actions de grâces de nous avoir accordé un modèle bien propre à nous exciter à la vertu. Saint Gens en effet appartenait au même pays que nous, il travaillait de ses mains comme la plupart d'entre nous, il était exposé aux mêmes tentations que nous, et cependant il s'est sanctifié dans son état. Changeons donc de vie en méditant la sainteté des élus de Dieu, et redisons souvent ces paroles du grand Saint Augustin : « Comment ne ferai-je pas ce qu'ont fait tant de saints et de saintes ? »

Tâchons aussi d'imiter le respect que ce saint a montré pour ses parents auxquels il a obéi aussitôt que la voix de Dieu l'eut laissé libre de sa volonté ; imitons sa charité pour le prochain, son éloignement pour les vanités du siècle et surtout sa patience dans le travail et les peines inséparables de la vie solitaire.

Si notre état ne nous permet pas de quitter entièrement le commerce du monde, comme fit saint Gens, nous ne sommes pas moins que lui obligés à vivre en chrétiens. Prions donc le Seigneur de nous garantir des maux qui viennent assaillir à chaque pas ceux qui vivent dans le monde, et en nous détachant des choses terrestres, par l'intercession de saint Gens, de nous faire part des grâces qu'il accorde à ceux qui, plus heureux que nous, vivent dans le cloître et dans la solitude.

Ainsi soit-il.

Imp. H. Offray fils, Avignon.

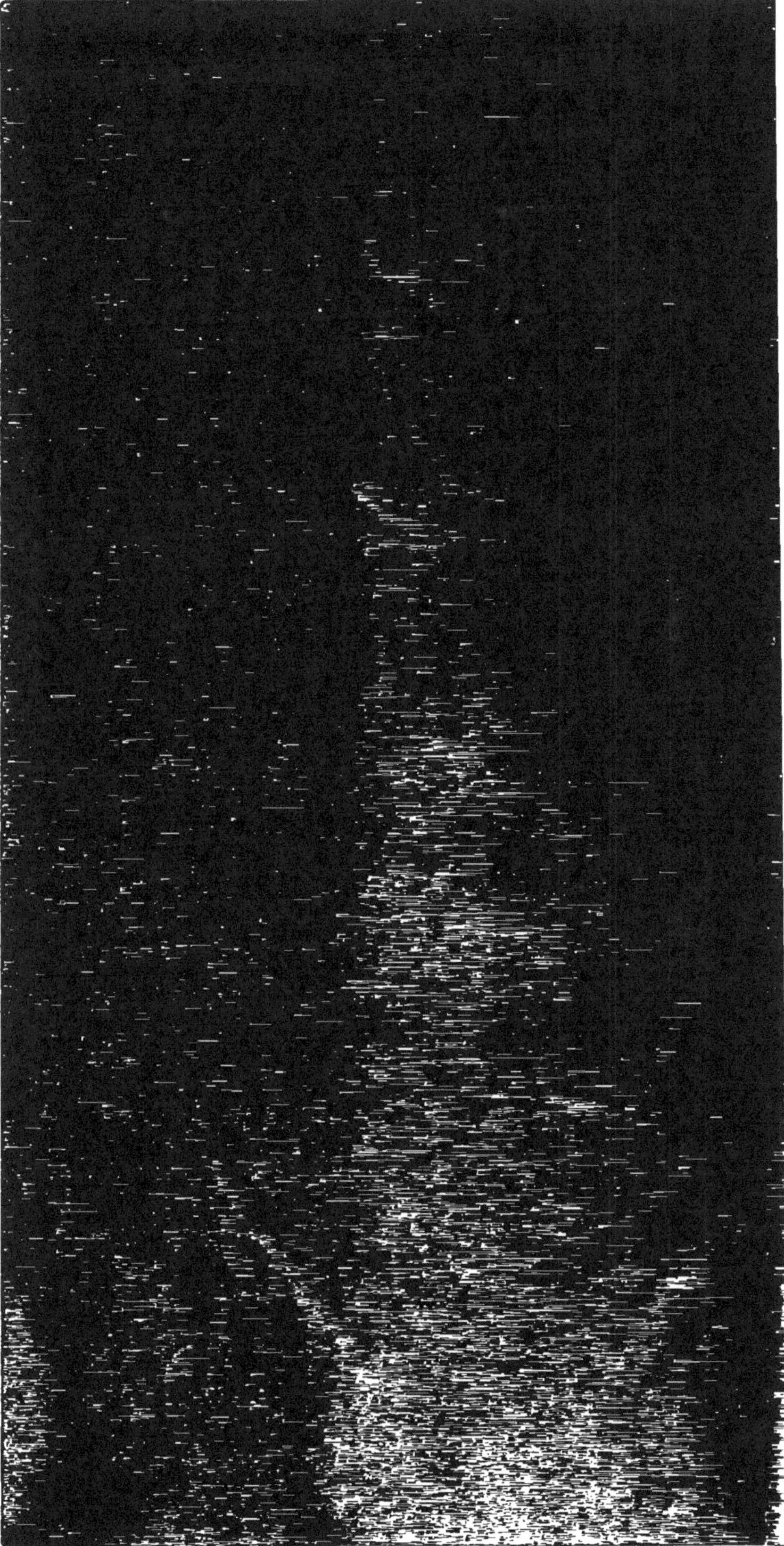